Kleines Deutschlandbuch

Kei Saeki

HAKUSUISHA

はじめに

　このテキストは，ドイツ語の初級文法を1セメスターないしは2セメスター程度勉強したことがある方を対象とした読本教材です．すでに習った基本文法の知識をもとにドイツ語の原文を読んでみることで，文構成，基本語彙，そしてよく使われる言い回しに慣れることを目指しています．

　テキスト全体は4つのパートに分かれています．まず冒頭の発音練習テクストとダウンロードした音声ファイルを使って，発音しにくい単語を何度も音読練習してみましょう．ウムラウト，複母音，ch の読み方に十分慣れることが大切です．

　次に続く読解テクストは，3つのパートで構成されています．第1部と第2部は，見開きで1項目を読み終えられるようになっています．それぞれの項目ごとに置かれた「文法復習」と「ミニ課題」は，1年次に習った文法事項の確認にお使いください．「ホロコースト」を扱った第3部だけ，少し長めで5ページの構成です．総復習として，辞書を使って丁寧に読んでいただければと思います．

　この本で用いたドイツ語テクストは，すべて Klexikon というドイツ語サイトから取られています．Klexikon とは，ドイツの学校現場で子どもたちが安心して使うことのできる百科事典，いわば，Wikipedia für Kinder と呼べるようなオンライン百科事典を作ろうというプロジェクトです．Michael Schulte と Ziko van Dijk の二人が中心となり，2014年に始められました．その総項目数は，すでに 2000 近くに達しています．本書では，それらの中から約 30 項目を選びました．

　Klexikon の執筆には，Wikipedia 同様，さまざまな人たちがボランティアとして参加していますが，記述に偏りが出ないように，新たな項目記事をサイトに掲載するには，プロジェクト参加者のうち3人以上の同意が必要とされています．文章構成にも一定の基準が設けられており，ドイツ文の記述は平易かつ明晰です．子どもたちを対象として書かれているため，複雑な事柄をやや簡略化して述べているところもありますが，あらゆる事象をわかりやすい言葉で説明しようとする努力は，Klexikon の大きな特長であると思います．本書を通じて，皆さんのドイツ語力，そしてドイツという国への興味がさらに高まってくれることを願っています．

2018年春　編著者

目次

発音練習テクスト 4

第1部
Bekannte Leute　有名な人々　【動詞の3基本形】 6

Berufe　職業　【名詞の男性形/女性形】 8

Essen und Trinken　食べ物と飲み物　【受動態】 10

Tiere　動物　【関係代名詞】 12

第2部
die Philosophie　哲学　【疑問代名詞 was】 14

der Umweltschutz　環境保護　【並列の接続詞・従属の接続詞】 16

der Fußball　サッカー　【分離動詞】 18

der Roboter　ロボット　【現在分詞】 20

die Kultur　文化　【不定代名詞 man】 22

die DNA　DNA　【再帰代名詞・再帰動詞】 24

der Comic　コミック　【形容詞の語尾】 26

die Wikipedia　ウィキペディア　【話法の助動詞】 28

das Abitur　アビトゥア　【前置詞の融合形】 30

die Religion　宗教　【形容詞の名詞化】 32

der Flüchtling　難民　【非人称の es】 34

das Gesetz　法　【接続法2式】 36

Weihnachten　クリスマス　【序数】 38

das Märchen　メルヒェン　【受動態の時称】 40

第3部
der Holocaust　ホロコースト 42

出典一覧 47

発音練習テクスト

♪2　Käfer gehören zu den Insekten. Käfer leben auf der ganzen Welt, nur nicht im Meer oder am Nordpol und Südpol. In Europa kennt man über 20.000 Arten.

カブトムシは昆虫の仲間です．カブトムシは世界中に生息していますが，海中や北極，南極にはいません．ヨーロッパでは，20,000種以上が知られています．

♪3　Bären sind Säugetiere. Sie gehören zu den Raubtieren. Bären haben einen großen Kopf, kurze Arme und Beine und einen kräftigen Körper. Sie haben kleine Augen, runde Ohren und an jeder Pfote sind fünf Zehen mit Krallen. Die Fellfarbe ist meistens braun oder schwarz. Bären können bis zu 800 Kilogramm schwer werden. Das ist fast so viel wie ein kleines Auto.

クマは哺乳動物で，肉食獣の仲間です．大きい頭，短い腕と脚を持ち，たくましい体つきをしています．目は小さく，丸い形をした耳，そしてすべての足にはつめの付いた指があります．毛の色はたいてい茶色か黒です．熊は800kgの重さになることもあります．それはほぼ小さい車一台と同じです．

□ 発音復習

ウムラウト　ä ö ü

Käfer Bären kräftigen gehören Körper können Südpol fünf

複母音　ei ie au eu äu

einen Beine kleine meistens Klavier vielen auf Augen braun Raubtieren Säugetiere

ch の発音：　特に ach　och　uch　auch の発音に注意．

その他：　母音＋s　語末の -b, -d, -ig などに注意．

✎ ミニ課題：本文中にある ch の綴りの入った語をすべて書き出し，音読してみましょう．

♪4 Johann Sebastian Bach war Musiker und Komponist. Auch heute noch gehört er zu den wichtigsten Komponisten in der Musikgeschichte. Seine Stücke für das Klavier, die Orgel, die Flöte, Gesang und das Orchester werden oft gespielt. Er wurde im Jahr 1685 in Eisenach in Thüringen geboren und steht für den Stil des Barock.

ヨハン・ゼバスティアン・バッハは音楽家で作曲家でした．バッハは今日でもなお音楽史においてもっとも重要な作曲家のひとりです．ピアノ，オルガン，フルート，歌曲，そして管弦楽に至るまで，彼の作品はしばしば演奏されています．バッハは1685年テューリンゲンのアイゼナハ生まれで，バロック様式を代表する人物です．

♪5 Ein Buch besteht aus unterschiedlich vielen bedruckten Seiten. Die zeigen Texte oder Bilder und sind meistens aus Papier. Normalerweise hat ein Buch auch einen Einband, der die Seiten schützt, damit sie nicht knittern oder schmutzig werden.

本はさまざまに印刷されたたくさんのページからできています．ページはテクストや絵を提示するもので，たいてい紙でできています．しわになったり汚れたりしないように，通常，本にはページを保護する装丁がなされています．

数字の読み方
20,000 zwanzigtausend
800 achthundert

年号の読み方
1685 sechzehnhundertfünfundachtzig

第1部　Bekannte Leute

♪6　Brüder Grimm

Wenn man von den Brüdern Grimm spricht, meint man Jacob und Wilhelm Grimm. Sie hatten zwar noch mehr Brüder, aber die beiden haben viel zusammen gearbeitet. Sie waren Sprachwissenschaftler. Sie haben also Sprachen erforscht, vor allem[1] die deutsche Sprache. Sie sind heute noch bekannt durch die „Märchen der Brüder Grimm".

♪7　Ludwig van Beethoven

Ludwig van Beethoven war ein deutscher Komponist. Seine Musik gehört[2] zur Klassik, so wie die von Joseph Haydn und Wolfgang Amadeus Mozart. Man kennt ihn heute als einen der wichtigsten Komponisten der Geschichte. Vor allem auf die Musik nach der Zeit von 1800 hatte er viel Einfluss[3].

□ 文法復習：動詞の3基本形

重要動詞の3基本形をまず覚えよう．物語文や歴史文には過去形がよく出てくる．

| sein | war | gewesen |
| haben | hatte | gehabt |

✎ ミニ課題：本文にある以下の動詞の3基本形を辞書で調べ，書いてみましょう．

arbeiten	_____	_____	leben	_____	_____
verbringen	_____	_____	gelten	_____	_____
nennen	_____	_____	beginnen	_____	_____

♪8　Immanuel Kant

Immanuel Kant war ein deutscher Philosoph. Er lebte in Königsberg, einer Stadt weit im Osten von Preußen. Heute liegt die Stadt in Russland. Kant hat dort fast sein gesamtes Leben verbracht und gilt[4] auch heute als großer Sohn der Stadt.

♪9　Adolf Hitler

Adolf Hitler war ein Politiker des Nationalsozialismus[5]. Er nannte[6] sich „Führer" und regierte Deutschland von 1933 bis 1945. Als Diktator konnte er alles selbst bestimmen. Menschen, die[7] gegen ihn waren, hat er ermorden lassen. Außerdem verfolgte er Juden und ließ sie einsperren und töten. Der Zweite Weltkrieg, den er begonnen hat, war der schlimmste[8] Krieg in der Neuzeit.

□ 語注

1) vor allem　　とりわけ
2) zu 3 格 gehören　　［3 格に］属する
3) auf 4 格 Einfluss haben　　［4 格に］影響力を持つ
4) als ... gelten　　... と見なされている
5) des Nationalsozialismus 男性名詞の 2 格だが語尾はいらない．
6) sich⁴ nennen　　... と自称する（再帰動詞）
7) die gegen ihn waren　　die は前の Menschen を先行詞とする関係代名詞複数 1 格．
8) 形容詞 schlimm の最上級

Berufe

♪10 Bäcker

Ein Bäcker oder eine Bäckerin backt Brot, Brötchen und andere Backwaren. Er verkauft sie, um damit Geld zu verdienen[1]. Zum Backen braucht er Mehl und Wasser und meistens noch andere Zutaten, wie Hefe und Salz. Ein Zuckerbäcker, oder auch Konditor stellt vor allem Torten, Kuchen und Süßes her.

♪11 Lehrer

Lehrer sind Menschen, die[2] anderen Menschen etwas beibringen[3] und sich mit Bildung beschäftigen[4]. Meistens denkt[5] man dabei an Lehrer, die an einer Schule mit Kindern und Jugendlichen arbeiten. Aber auch an Universitäten wird gelehrt oder privat in Gruppen oder für einzelne Schüler, die besondere Hilfe brauchen. Es gibt auch Schwimmlehrer oder Fahrlehrer, die nicht in einer Schule arbeiten, aber trotzdem anderen etwas beibringen.

☐ 文法復習：名詞の男性形 / 女性形

職業などを表す語の男性形 / 女性形に注意．

男 der **Bäcker** ／ 女 die **Bäckerin**　パン職人

ただし der Beamte（男の公務員）は形容詞変化なので，冠詞による語尾の違いに注意．

男 **ein Beamter** ／ 女 eine Beamtin

男 **der Beamte** ／ 女 die Beamtin

ミニ課題：der Lehrer, der Pfarrer の女性形はそれぞれ何でしょう．

♪12 Pfarrer

Ein Pfarrer arbeitet für die christliche Kirche. Er leitet Gottesdienste und berät Menschen. Das nennt man Seelsorge. Das Amt des Pfarrers ist je nach Glaubensrichtung leicht verschieden. Alle Pfarrer müssen Theologie studiert haben.

♪13 Beamter

Ein Beamter ist jemand, der für den Staat arbeitet. Beamte haben besondere Rechte und Pflichten. Das Wort stammt von „Amt", einer wichtigen Position in der Staatsverwaltung. Allerdings ist nicht jeder, der für den Staat arbeitet, Beamter.

□ 語注
1) um damit Geld zu verdienen 　それによってお金をかせぐために
2) die anderen Menschen... 　die はその前にある Menschen を先行詞とする関係代名詞複数1格．anderen Menschen は複数3格．
3) 3格(人) 4格 beibringen 　[3格の人]に[4格のこと]を教える，覚えさせる(分離動詞)
4) sich^4 mit ... beschäftigen 　... に従事する，携わる
5) an 4格 denken 　[4格(人や事)]のことを考える

Essen und Trinken

🎵 **14** das Bier

Bier ist ein Getränk mit Alkohol. Anders als Wein wird Bier nicht aus Fruchtsaft gemacht, sondern[1] aus Getreide, meist aus Gerste oder Weizen[2]. Bier hat weniger Alkohol als Wein, ist aber trotzdem nicht für Kinder geeignet. Es gibt aber auch Sorten ohne Alkohol, zum Beispiel Malzbier.

🎵 **15** der Vegetarier

Vegetarier sind Menschen, die kein Fleisch und keinen Fisch essen. Das Wort betont man auf dem A. Sie vermeiden es zum Beispiel, Schnitzel oder Wurst, Fisch oder Hühnchen[3] zu essen. Sie ernähren sich vor allem von Obst, Gemüse und Getreide. Viele Vegetarier essen aber auch das, was von lebenden Tieren kommt[4]. Dazu gehören Milch, Käse, Joghurt oder Eier.

□ 文法復習：受動態

受動態は **werden** + 過去分詞で作る．
Bier **wird** aus Getreide **gemacht**.　ビールは穀類からできています．
Brot ist ein Lebensmittel, das **gebacken wird**.　パンは焼かれた食べ物です．
Vor allem denkt man an das Fleisch von Tieren, das von Menschen **gegessen wird**.
　とくに，人間によって食べられる動物たちの肉が思い浮かびます．

✏️ ミニ課題：次の文の werden は受動態の用法ではありません．どういう使い方ですか．
Die Erfindung des Backofens war wichtig, damit es rundherum heiß **wird**.

🎵 16 das Brot

Brot ist ein Lebensmittel, das gebacken wird. Aus Mehl, Wasser und anderen Zutaten macht man zunächst einen Teig[5]. In der Steinzeit buken die Menschen ihr Brot auf heißen, flachen Steinen. Das geht aber nur mit dünnen Fladenbroten[6]. Tortillas[7] sind heute noch ein Beispiel dafür. Wichtig war deshalb die Erfindung des Backofens, damit es rundherum heiß wird.

🎵 17 das Fleisch

Fleisch nennt man die weichen Teile des Körpers von Menschen und Tieren. Vor allem denkt man an das Fleisch von Tieren, das von Menschen gegessen wird. Auch Organe wie Herz oder Leber gehören dazu. Normalerweise geht[8] es um Tiere, deren Blut ständig warm ist. Das schließt Fisch aus.

□ 語注

1) nicht ~, sondern ...　〜ではなく，...
2) Gerste oder Weizen　die Gerste 大麦，der Weizen 小麦
3) das Hühnchen　ニワトリ（das Huhn の縮小形．雌雄の区別なし）
　 参考：der Hahn　雄鶏，die Henne 雌鳥，das Hähnchen（食肉用の若鶏）
4) das, was von lebenden Tieren kommt　was は不定関係代名詞．lebenden は leben の現在分詞 lebend ＋ 複数3格の形容詞語尾．
5) der Teig（パンやケーキの）生地
6) das Fladenbrot 平たいパン
7) die Tortilla トルティーヤ（トウモロコシ粉や小麦粉で作る中南米の薄いパン）
8) es geht um 4 格［4 格］が重要である

Tiere

🎵 18   der Hund

Der Hund ist ein Säugetier. Für Wissenschaftler sind die Hunde eine große Gruppe von Tieren, zu denen auch Füchse gehören. Die meisten Menschen denken bei einem Hund an das, was[1] die Wissenschaftler Haushund nennen. Die Haushunde begannen mit dem Wolf: Schon vor vielen tausend Jahren haben Menschen Wölfe gezähmt. Es gibt[2] Funde, die beweisen, dass Menschen bereits vor 30.000 Jahren mit Hunden zusammengelebt haben. Hunde haben sich verändert. Oft hat der Mensch ganz bewusst Hunde gezüchtet, damit[3] sie so wurden, wie er sie haben wollte. Heute gibt es etwa 800 Hunderassen.

Früher waren Hunde sehr nützlich bei der Jagd, sie haben die Menschen gewärmt, und sie haben gegen Feinde mitgekämpft. Heute haben manche Hunde ganz besondere Aufgaben, zum Beispiel helfen sie Blinden, den Weg zu finden.

□ 文法復習：関係代名詞

関係代名詞の性と数は先行詞に一致．格は関係文の中の役割によって決まる．

Für Wissenschaftler sind die Hunde eine große Gruppe von Tieren, zu **denen** auch Füchse gehören. ［denen は複数3格．先行詞は Tieren］

Es gibt Funde, **die** beweisen, dass Menschen bereits vor 30.000 Jahren mit Hunden zusammengelebt haben. ［die は複数1格．先行詞は Funde (Fund の複数4格)］

✎ ミニ課題：die Katze の文中にある関係代名詞を2つ見つけてください．

🎵 19　die Katze

Katzen sind eine Art der Säugetiere. Meistens meint man die Hauskatze. Es gibt sie in allerlei Farben und mit kurzem oder langem Haar. Sie stammen wahrscheinlich von der Afrikanischen Wildkatze ab und wurden fortwährend gezüchtet. Ihre großen Verwandten, wie Löwen und Tiger, nennt man Großkatzen.

Menschen halten sich schon seit 10.000 Jahren Katzen. Der Grund war am Anfang[4)] wohl der, dass Katzen Mäuse fangen. Mäuse fressen nicht nur Getreide, sondern fast alle Nahrungsmittel, die sie in einem Haus finden. Die Menschen freuen[5)] sich deshalb über eine Katze, die dafür sorgt, dass es weniger Mäuse gibt.

Viele Menschen halten sich aber auch gern eine Katze als Tier zum Streicheln. Im alten Ägypten hat man Katzen sogar als Götter verehrt. Es wurden[6)] Mumien von Katzen gefunden.

□ **語注**

1) das, was die Wissenschaftler Haushund nennen　was は das を先行詞とする不定関係代名詞の 4 格．「〜するところのもの」．
2) es gibt 4 格　［4 格］が存在する，ある（よく出てくるので覚えておくこと）
3) damit　従属接続詞．〜するために
4) am Anfang　はじめは
5) sich über 4 格 freuen　［4 格］のことを喜ぶ
6) es wurden ... gefunden　受動態の過去形．この es は形式上の主語．

die Philosophie

Die Philosophie ist eine Wissenschaft. Sie stellt wichtige, allgemeine Fragen, um die Welt zu verstehen: Was können Menschen wissen? Wie soll man sich richtig verhalten? Was ist veränderlich, und was bleibt?

Der Ausdruck Philosophie kommt aus dem Griechischen und heißt so viel wie „Liebe zur Weisheit". Im alten Griechenland gab es weise Leute, die neugierig[1)] auf die Welt waren. Die Philosophen haben immer neues Wissen gesucht, und sie haben sich Fragen über die Welt gestellt[2)].

Vieles, was man damals und später „Philosophie" genannt hat, würde man heute als Wissenschaft bezeichnen[3)]. Wie soll ein Staat funktionieren? Das ist jetzt eine Frage für die Politikwissenschaft. Wie soll man Kinder erziehen? Damit beschäftigt sich die Pädagogik. Woraus bestehen die

---

□ 文法復習：疑問代名詞 was

Was können Menschen wissen?
Woraus bestehen die Dinge? (woraus は aus + was の融合形.「何から」)

✎ ミニ課題：本文にある次の was は，疑問代名詞ではなく不定関係代名詞の was です．使い方を調べてみましょう．

Vieles, **was** man damals und später „Philosophie" genannt hat,

Dinge? Das ist ein Thema für die Chemie und die Physik. Früher waren das alles philosophische Themen.

Aber auch heute noch gibt es Philosophie. Wo ein „normaler" Wissenschaftler etwas erforscht und Antworten findet, stellt ein Philosoph sich immer weiter Fragen. Er will wissen, wie etwas eigentlich ist und rätselt[4)] über das Wissen an sich[5)]. Bekannte Philosophen waren zum Beispiel Sokrates*, Plato und Aristoteles im alten Griechenland oder Immanuel Kant in der Neuzeit.

*Sokrates

Sokrates war ein Philosoph des alten Griechenlands. Er lebte und wirkte im fünften Jahrhundert vor Christus in Athen. Seine Schüler Platon und Xenophon schrieben seine Lehren meist in Form von Dialogen auf.

□ 語注
1) auf 4 格 neugierig sein　［4 格］に強い関心がある
2) sich³ Fragen über 4 格 stellen　［4 格］について自問する
3) würde man heute als Wissenschaft bezeichnen　今日なら学問（科学）と呼ぶだろう．würde は werden の接続法 2 式．
4) über 4 格 rätseln　［4 格］についてあれこれ考える
5) an sich　それ自体

der Umweltschutz ♪21

Beim Umweltschutz sorgt[1)] man dafür, dass die Umwelt nicht geschädigt wird. Die Umwelt ist die Welt, die Erde, auf der wir leben. Dabei denkt man oft an die Natur, aber auch etwa die Stadt ist für die Menschen eine Umwelt.

Menschen tun manchmal Dinge, die schlecht für die Umwelt sind. Wenn Menschen zum Beispiel[2)] einen Wald* abholzen, dann können sie dort ein Feld** errichten und Früchte anbauen. Aber die Tiere, die im Wald gelebt haben, müssen fliehen. Wenn die Industrie mit ihren Fabriken etwas herstellt, braucht man dazu meist etwas, das giftig ist. Das Gift gelangt oft in die Umwelt und tötet dann Tiere, Pflanzen, aber auch Menschen.

Darum wollen viele Menschen, dass die Umwelt geschützt wird. Zum Beispiel versuchen[3)] sie, weniger schädliche Dinge zu kaufen. Oder sie fahren nicht so oft mit dem

☐ **文法復習：並列の接続詞・従属の接続詞**

並列の接続詞：語順に影響を与えない　aber oder denn usw.
Dabei denkt man oft an die Natur, **aber** auch etwa die Stadt ist für die Menschen eine Umwelt.
従属の接続詞：副文を導き，定動詞は文末　dass wenn usw.
Beim Umweltschutz sorgt man dafür, **dass** die Umwelt nicht geschädigt wird.

✎ **ミニ課題**：第2パラグラフと第3パラグラフの中から，並列の接続詞と従属の接続詞を見つけてください．

Auto, denn beim Fahren kommen giftige Gase hinten aus dem Auto. Außerdem wollen sie, dass der Staat giftige Dinge verbietet.

*der Wald

Ein Wald ist ein Stück Land, auf dem viele Bäume stehen. Es gibt viele verschiedene Arten von Wald, darum ist auch nicht immer deutlich, was ein Wald genau ist. Ein Wald sollte eine gewisse Größe haben, die Bäume sind eher hoch, und es sollte zwischen den Bäumen nicht zu große Lücken geben.

**das Feld

Feld ist ein allgemeiner Begriff für eine Fläche oder eine bestimmte Gegend. Das Wort wird in vielen verschiedenen Zusammenhängen gebraucht: Einen Acker, auf dem Gemüse oder Getreide wächst, nennt man Feld.

□ 語注
1) dafür sorgen, dass ...　...ということを気にかける
2) zum Beispiel　たとえば
3) versuchen + zu 不定詞 (句) ...しようとする

der Fußball ♪ 22

Fußball ist eine Sportart, bei der zwei Mannschaften mit einem Ball spielen. Es ist eine der beliebtesten Sportarten der Welt. Ursprünglich kommt das Fußballspiel aus England. Im Laufe der Zeit hat Fußball seine heutigen Regeln bekommen.

Für diesen Sport gibt es Fußballvereine, deren Mannschaften gegeneinander spielen. Alle vier Jahre[1)] richtet der Welt-Verband FIFA* eine Fußball-Weltmeisterschaft aus. Da tritt jeweils eine Mannschaft pro Land an. Fußball wird in einigen Ländern mehr von Männern gespielt, in anderen eher von Frauen.

Erfunden wurde Fußball wahrscheinlich von den Chinesen. Schon vor 3000 Jahren gab es dort so etwas Ähnliches wie einen Fußball. Der war auch aus Lederstücken zusammengesetzt. Aber er war nicht mit Luft gefüllt,

□ 文法復習：分離動詞
前置詞と見間違えそうな語が文末にポツンとあったら，分離動詞を疑ってみよう．
Alle vier Jahre **richtet** der Welt-Verband FIFA eine Fußball-Weltmeisterschaft **aus**.
＊前置詞と間違えないように注意．Ursprünglich kommt das Fußballspiel aus England.
非分離動詞と分離動詞では，過去分詞の形が異なるので注意．
Die Sportart Fußball ist in England **entstanden**．(非分離動詞 entstehen)
Erst 1970 wurde die „Gelbe Karte" **eingeführt**．(分離動詞 einführen)

✎ ミニ課題：第2パラグラフから，ausrichten 以外の分離動詞をもう1つ見つけてください．

sondern mit Haaren und Federn. Benutzt wurde er für das Training von Soldaten.

Die Sportart Fußball, wie wir sie heute kennen, ist in England entstanden. Im Jahr 1848 gab es dort die ersten Fußballregeln. Damals hatten die Mannschaften noch 15 bis 20 Spieler. Eckball[2)] und Freistoß[3)] kannte man da noch nicht. Nach und nach[4)] wurden die Regeln immer wieder geändert. Seit 1870 bestehen die Mannschaften aus genau elf Spielern. Erst 1970, also 100 Jahre später, wurde die „Gelbe Karte[5)]" eingeführt.

*Die FIFA ist der Weltverband des Fußballs. Die Abkürzung FIFA kommt aus dem Französischen und bedeutet so viel wie „Internationaler Bund der Fußballverbände". (Fédération Internationale de Football Association).

□ 語注
1) alle vier Jahre　4年ごとに
2) der Eckball　コーナーキック
3) der Freistoß　フリーキック
4) nach und nach　しだいに
5) die gelbe Karte　イエローカード
　Q:「レッドカード」は何と言うでしょう？（ドイツ語で赤はrot）

der Roboter

♪ 23

Ein Roboter ist eine Maschine, die programmiert werden kann und meistens vor allem Bewegungen ausführt. Das Wort kommt aus der tschechischen Sprache und bedeutet so etwas wie „Sklave". Er muss immer Befehlen folgen und darf nichts selbst bestimmen[1]. Schon lange vor den ersten Robotern wurde das Wort Roboter in Science-Fiction-Romanen verwendet. Das sind erfundene Geschichten, die in der Zukunft und wie bei „Star Wars*" im Weltraum spielen.

Ein Roboter ist so ähnlich wie ein Automat, nur dass[2] viele Roboter von Ort zu Ort[3] gehen können. Außerdem können sie schwierige Dinge tun, manche können sogar ähnlich wie Menschen arbeiten. Roboter haben auch eine Art[4] Augen und Ohren. Damit können sie erkennen, was in ihrer Umwelt ist. Mit Sensoren können sie zum Beispiel Farben erkennen oder Temperaturen messen.

□ 文法復習：現在分詞

現在分詞は不定詞＋d．付加語として使うときは形容詞の語尾を付ける．
Heute gibt es gehende, rollende und fliegende Roboter.

✎ ミニ課題：第1パラグラフにある Das sind erfundene Geschichten, … という文の erfunden は過去分詞です．付加語として使われているので，現在分詞の場合と同様，語尾 e が付いています．erfunden の不定詞と過去基本形を辞書で調べてみましょう．

Die ersten Roboter wurden in der Industrie eingesetzt, um einfache Arbeiten zu erledigen, die sich immer wiederholen. Zum Beispiel biegen sie Bleche für Autos oder legen ein Bauteil an eine andere Stelle. Heute gibt es gehende, rollende und fliegende Roboter. Fliegende Roboter werden auch Drohnen[5] genannt.

*Star Wars

Star Wars heißt eine Reihe von Kinofilmen. Die Abenteuergeschichten spielen im Weltraum und beschreiben den Kampf gegen das Böse, das „Imperium". „Star Wars" kommt aus dem Englischen und bedeutet „Krieg der Sterne". Das ist auch der deutsche Titel des ersten Films, der 1977 herauskam.

□ 語注
1) darf nichts selbst bestimmen　dürfen + 否定詞は「禁止」. 自分で何か決めることは許されない
2) nur dass ...　... という点を別にすれば
3) von Ort zu Ort　あちらこちらへと
4) eine Art Augen und Ohren　目や耳のようなもの
5) die Drohne　ドローン

die **Kultur** ♪24

Kultur ist das Gegenteil von Natur*. Was der Mensch macht, sich ausdenkt, sagt und erschafft, ist Kultur. Das Wort kommt aus dem Lateinischen und bedeutet eigentlich soviel wie[1] Landwirtschaft oder Ackerbau. Darum sagt man auch „Agrikultur" für Landwirtschaft oder „Aquakultur" für Fischzucht.

Kultur ist ein Ausdruck, den man in vielen, sehr unterschiedlichen Zusammenhängen benutzt. Man spricht[2] oft von der Kultur einer bestimmten Gegend oder Zeit oder einem Teil des Lebens: die frühe Kultur Asiens, religiöse Kultur, die Kultur der alten Ägypter oder auch die Kultur Russlands. Gemeint ist damit zum Beispiel, wie die Menschen in Russland gekleidet sind, was sie gerne lesen, was sie in der Freizeit machen und so weiter. Eine Hochkultur ist eine Gesellschaft im frühen Altertum, die kulturell komplexere Systeme hervorgebracht hat wie das alte Ägypten.

□ 文法復習：不定代名詞 man

man（ひとは）を主語とする文は，man を訳出しないか受動態のように訳すとよい．
Darum sagt **man** auch „Agrikultur" für Landwirtschaft oder „Aquakultur" für Fischzucht.

✎ ミニ課題：第4パラグラフにある Man nennt dies auch die „hohe Kultur". という文を，Dies で始まる受動態の文に書き換えてみましょう．

Man sagt auch von einem einzelnen Menschen: „Sie hat Kultur, sie ist kultiviert[3].“ Das soll bedeuten, dass sie viel gelernt hat, Geschmack hat oder sich gut benehmen[4] kann. Das Gegenteil ist ein kulturloser, unkultivierter Mensch.

Viele Leute denken bei dem Wort Kultur vor allem an schöne, klug ausgedachte und gut gemachte Dinge wie Kunstwerke. Das können Gemälde, Skulpturen, besondere Bauwerke und Ähnliches sein. Man nennt dies auch die „hohe Kultur". Ein Museum, in dem Kunst gezeigt wird, wird daher auch „Kulturtempel" genannt.

*die Natur

Die Natur ist alles, was nicht von Menschen gemacht wurde. Alle Dinge und Teile der Welt, die es auch ohne den Menschen gibt. Was von Menschen hergestellt wurde, nennt man dagegen Kultur.

□ 語注
1) soviel wie ...　...と同じような
2) von 3 格 sprechen　［3格］について話す
3) kultiviert　洗練されている (kultivieren の過去分詞形)
4) sich⁴ benehmen　ふるまう，態度をとる

die DNA ♪25

Die DNA[1)] ist ein langer, sehr dünner Faden. Sie befindet sich in jeder einzelnen Zelle* eines Lebewesens. Oft liegt sie im Zellkern. Dort in der DNA ist abgespeichert, wie das Lebewesen aufgebaut ist und funktioniert. DNA ist eine Abkürzung für einen langen chemischen Namen.

Man kann sich die DNA wie eine Art[2)] Buch vorstellen, das die Bauanleitungen enthält, um alle Teile eines Lebewesens zu entwickeln wie beispielsweise die Muskeln oder die Spucke. Außerdem steht in der DNA auch, wann und wo die einzelnen Teile hergestellt werden sollen.

Die DNA ist aus wenigen Einzelteilen aufgebaut. Man kann sie sich wie eine verdrehte Strickleiter[3)] vorstellen. Außen hat sie zwei Stränge[4)], die sich wie bei einer Schraube[5)] umeinander drehen und an denen die „Sprossen[6)]" der Leiter befestigt sind. Die Sprossen enthalten die

□ 文法復習：再帰代名詞，再帰動詞

sich[4] befinden　ある，いる
Die DNA **befindet sich**[4] in jeder einzelnen Zelle eines Lebewesens.
sich[3] 4格 vorstellen　［4格］を思い浮かべる，想像する
Man kann **sich**[3] die DNA wie eine Art Buch **vorstellen**.

✏ ミニ課題：第3パラグラフの中から，再帰動詞を2つ見つけてください．

eigentliche Information, man nennt sie „Basen[7]". Von ihnen gibt es vier verschiedene Arten.

Man könnte sagen, dass die Basen die Buchstaben der Bauanleitung sind. Immer drei Basen zusammen bilden so etwas wie ein Wort. Wenn man vier Basen immer in Dreierpäckchen kombiniert, kann man viele verschiedene „Wörter" bilden, um die Bauanleitung damit zu schreiben.

*die Zelle

Alle Lebewesen bestehen aus Bausteinen, den Zellen. Einige Lebewesen, wie die Urtierchen und die meisten Bakterien, bestehen nur aus einer einzigen Zelle. Darum heißen sie „Einzeller". Der Mensch besteht dagegen aus vielen Billionen Zellen, die zusammenwirken und Informationen austauschen.

□ 語注
1) die DNA デオキシリボ核酸．元は英語の Deoxyribonucleic acid の略記．ドイツ語の略記で DNS（Desoxyribonukleinsäure）とすることもある．
2) eine Art 一種の
3) eine verdrehte Strickleiter ねじれた縄ばしご
4) der Strang 綱，ロープ
5) die Schraube ねじ，ボルト
6) die Sprosse （はしごの）段
7) die Base 塩基

25

der Comic ♩26

Ein Comic ist eine Bildergeschichte. Der volle Ausdruck „Comic Strip" ist Englisch und bedeutet „komischer Streifen"[1]. Normalerweise besteht ein Comic aus mehreren[2] gezeichneten Bildern in einer bestimmten Reihenfolge. Wenn eine Person im Comic etwas sagt, kann man das in einer Sprechblase lesen.

Schon im alten Ägypten gab es Bilder, neben die man etwas geschrieben hat. Aber erst um 1900 wurden die Comics erfunden, so wie wir sie heute kennen. Bei den Comics gibt es vor allem zwei Gruppen.

Bei den lustigen Comics sind die Figuren übertrieben[3] gezeichnet. Sie haben zum Beispiel große Augen und Nasen wie bei „Asterix und Obelix*" oder sehen wie Tiere aus, wie bei „Micky Maus".

□ 文法復習：形容詞の語尾
形容詞を付加語として使うときの語尾変化に気をつけよう．
Der volle Ausdruck „Comic Strip" ist Englisch und bedeutet „komischer Streifen".
Die anderen Comics erzählen oft von Helden.

✏ ミニ課題：第3パラグラフの中にある付加語形容詞を2つ挙げて，その語尾を文法的に説明してみましょう（何性の何格か）．

Die anderen Comics erzählen oft von Helden. Diese starken Männer und Frauen sehen eher aus wie echte Menschen. Die Geschichten sind meist ernsthafter. Beispiele sind „Superman", Western-Comics oder die Abenteuergeschichten von „Tim und Struppi[4]". In Japan gibt es einen eigenen, sehr beliebten Comicstil, die Mangas.

*Asterix und Obelix

Asterix und Obelix sind die Hauptfiguren der französischen Comic-Reihe „Asterix". Ihr erster Band erschien 1959. Asterix gilt als einer der erfolgreichsten Comics aus Europa. Heute gibt es 35 Bände und daneben noch acht Asterix-Trickfilme sowie mehrere Asterix-Spielfilme mit Schauspielern.

□ 語注

1) „komischer Streifen" は男性1格．bedeuten は他動詞なので本来は4格を取るが，「A は B という意味である」のような使い方では，引用符付きや無冠詞の1格を取る．
2) mehrere は不定代名詞．語尾変化は形容詞と同じ．
3) übertrieben 大げさに 元は übertreiben の過去分詞．形容詞の副詞的用法．
4) Tim und Struppi ベルギーの漫画家エルジェによるフランス語のコミック．『タンタンの冒険』で知られている．オリジナルタイトルは „Les Aventures de Tintin".

die Wikipedia

♪ 27

Die Wikipedia ist eine Enzyklopädie, also ein großes Lexikon, und zwar im Internet. Wenn man etwas nicht weiß, kann man es dort vielleicht erfahren. Auf dieser Website sind also Texte gesammelt, in denen[1] man etwas nachschlagen kann. Die Wikipedia ist das größte Nachschlagewerk der Welt. Der Name ist aus zwei Teilen zusammengesetzt: Das Wort „Wiki" bedeutet auf Hawaii „schnell" und „pedia" steht für das englische Wort „encyclopedia", also für Lexikon.

Erfinder der Wikipedia ist unter anderen[2] Jimmy Wales aus den USA. Er wollte das Wissen der gesamten Welt für jeden leicht zugängig machen. Die Inhalte der Wikipedia sind vor allem Texte, aber auch Bilder und Videos. Die Inhalte sind „frei", das heißt, dass man sie auch woanders wieder verwenden darf. Man muss sich dabei aber an bestimmte Regeln halten[3].

☐ 文法復習：話法の助動詞

話法の助動詞の種類，用法そして人称変化を再度確認しよう．
dürfen können müssen sollen wollen mögen [möchte]
Wenn man etwas nicht weiß, **kann** man es dort vielleicht erfahren.

✎ ミニ課題：第2パラグラフの中から話法の助動詞を3つ探し，それぞれの現在人称変化，過去人称変化をすべて書いてみましょう．

In der Wikipedia findet man etwas zu allen möglichen Wissensgebieten und Fächern. Allerdings soll in der Wikipedia nicht wirklich „alles" stehen, sondern nur etwas, das mehr oder weniger[4)] wichtig ist. Außerdem soll der Inhalt sachlich und neutral sein, das heißt[5)], man soll dort nicht seine eigene Meinung sagen. Wenn eine Sache umstritten ist, kann man höchstens unterschiedliche Meinungen von wichtigen Wissenschaftlern dort wiedergeben.

Die Wikipedia lebt davon, dass Menschen ehrenamtlich[6)] mitmachen. Das heißt, dass sie nicht dafür bezahlt werden. Sie machen das aus Spaß am Wissen, und sie wollen anderen Menschen mit ihrem Wissen helfen. Zehntausende Menschen aus der ganzen Welt machen mit. Sie nennen sich selbst „Wikipedianer".

□ 語注

1) in denen man etwas nachschlagen kann　denen は Texte を先行詞とする関係代名詞複数3格.
2) unter anderen　（いろいろな人がいる中で）とりわけ　vgl. unter anderem は主に事物.
3) sich⁴ an bestimmte Regeln halten müssen　決められた規則を守らなければならない
4) mehr oder weniger　多かれ少なかれ
5) das heißt　すなわち
6) ehrenamtlich　無給で

das Abitur

♪ 28

Das Abitur ist ein Schulabschluss in Deutschland. Oft meint man damit auch das Zeugnis selbst. In Österreich und in der Schweiz nennt man den Abschluss die Matura. Das Wort heißt so viel wie „Reife".

Mit dem Abitur soll ein Schüler reif genug sein, um eine Hochschule zu besuchen, also zum Beispiel eine Universität. Darum nennt man das Abitur auch die allgemeine Hochschulreife. Was man genau tun muss, um das Abitur zu erhalten, das hängt vom Bundesland ab.

Normalerweise bekommt man es am Ende des Gymnasiums oder einer vergleichbaren Schule. Wer es in seiner Schulzeit nicht gemacht hat, kann später dafür zum Beispiel eine Abendschule besuchen. An manchen Schulen gibt es zusätzlich internationale Schulabschlüsse, aber allgemein ist das Abitur der höchste Schulabschluss in Deutschland.

□ 文法復習：前置詞の融合形

前置詞と定冠詞の融合形

zum Beispiel **vom** Bundesland **am** Ende **im** 19. Jahrhundert **zur** Schule

前置詞と事物を表す代名詞の融合形

Oft meint man **damit** auch das Zeugnis selbst. (mitと代名詞の融合形. 従属接続詞のdamitと混同しないこと)

✎ ミニ課題：第3パラグラフの中から，前置詞と事物を表す代名詞の融合形を1つ見つけてください．

Das Abitur, wie wir es heute kennen, wurde im 19. Jahrhundert erfunden. Damals erhielten es nur sehr wenige Schüler: höchstens einer von hundert[1]. Heute sind es viel mehr, etwa 30 von hundert Schülern.

Nimmt man das Fachabitur[2] hinzu[3], sind es sogar 50 von hundert Schülern, also jeder zweite. Für das Fachabitur muss man normalerweise ein Jahr weniger zur Schule gehen. Mit dem Fachabitur kann man dann an Fachhochschulen studieren, an Universitäten nur in Ausnahmefällen. Ob man an einer Hochschule ein bestimmtes Fach studieren kann, hängt[3] oft auch von den Noten im Abitur ab.

□ 語注
1) einer von hundert　百人に一人
2) das Fachabitur　単科大学入学資格
3) Nimmt man das Fachabitur hinzu, = Wenn man das Fachabitur hinzunimmt, 動詞を倒置して，wenn ...（もし ... なら）の意味に用いることがある．
4) von 3 格 abhängen　［3 格］しだいである

die Religion

♪ 29

Religion ist der Glaube, dass es außerhalb der Natur noch eine Macht gibt. Diese Macht gehört selbst nicht zur Natur. Menschen können sie nicht sehen oder hören, außer wenn diese Macht sich den Menschen offenbart. Viele gläubige Menschen nennen diese Macht Gott.

Es gibt verschiedene Religionen auf der Welt, zum Beispiel das Judentum, das Christentum und den Islam. Diese drei nennt man monotheistisch[1]. Dieses Wort kommt aus dem Griechischen und heißt „Glaube an nur einen Gott". Andere Religionen wie der Hinduismus sind polytheistisch[2]: Die Anhänger glauben[3] an mehrere Götter.

Allerdings: Auch wenn ein Monotheist nur einen Gott hat, so kann es sein, dass er ansonsten noch an Geister, Engel, Zauberei oder Dämonen glaubt. Sein Gott ist für

□ 文法復習：形容詞の名詞化

形容詞が名詞化されると頭文字は大文字になる．語尾変化は形容詞と同じ．

Wenn man **das Göttliche** messen könnte, so wie Radiowellen oder die Kraft eines Magneten, dann wäre es einfach ein Teil der Natur, aber **nichts Übernatürliches**.

das Göttliche 神的なもの （形容詞 göttlich が中性名詞になっている）

nichts Übernatürliches 何ら超自然的ではないもの （形容詞 übernatürlich が中性名詞になっている）

✏ ミニ課題：第2パラグラフにある aus dem Griechischen「ギリシア語から」の dem Griechischen も形容詞の中性名詞化です．1格から4格まで格変化させてみましょう．

ihn dann das höchste Wesen. Wenn jemand hingegen glaubt, dass es gar keinen Gott gibt, so nennt man ihn Atheist[4)].

Ob es Gott oder Götter gibt, lässt[5)] sich nicht beweisen. Wenn man das Göttliche messen könnte, so wie Radiowellen oder die Kraft eines Magneten, dann wäre es[6)] einfach ein Teil der Natur, aber nichts Übernatürliches. Viele Gläubige fühlen, dass ihr Glaube ihnen Mut und Hoffnung gibt, um besser mit ihrem Leben und ihren Sorgen umzugehen. Es gibt auch Gläubige, die sich mit anderen Menschen streiten, nur weil sie eine andere Religion haben. Es hat Kriege wegen der Frage gegeben, welcher Gott der richtige ist.

□ 語注
1) monotheistisch mo-no-the-is-tischと読む．アクセントはisのiに置く．
2) polytheistisch po-ly-the-is-tischと読む．アクセントはisのiに置く．
3) an 4格 glauben ［4格の存在］を信ずる
4) Atheist A-the-istと読む．アクセントはisのiに置く．
5) lässt sich[4]... ... されうる，できる
6) Wenn man ... könnte, ..., dann wäre es ... もし ... だとしたら，... であろう．接続法2式で非現実話法．

der **Flüchtling**

♪ 30

Flüchtlinge sind Menschen, die ihr Heimatland ungewollt[1)] verlassen. Sie sind nicht sicher oder haben Angst um ihr Leben. Viele werden in ihrem eigenen Land verfolgt, entweder[2)] vom Staat oder von anderen Einwohnern. Dort wird nicht geduldet, dass sie eine andere Religion oder Sprache haben, oder etwa in der Politik eine andere Meinung haben. Dann sehen sie oft keinen anderen Ausweg mehr, als[3)] ihr Land zu verlassen.

Für die Flüchtlinge ist es schwierig, aus dem Land zu kommen. Außerdem wollen sie möglichst viel von ihrem Geld und Eigentum mitnehmen. Die Reise kann sehr gefährlich sein: Räuber überfallen Flüchtlinge, Boote über das Meer sind unsicher und überfüllt, oder man wird an einer Grenze angehalten, beschossen oder eingesperrt.

□ 文法復習：非人称の es
仮主語・仮目的語 / 天候や時刻 / 非人称動詞 / 非人称熟語
Für die Flüchtlinge ist **es** schwierig, *aus dem Land zu kommen*.
Es ist warm. / Es ist halb 11.
Es regnet. / Es schneit.
Heute **gibt es** einen Vortrag.

✎ ミニ課題：本文にある Dabei geht es darum, ob ... の es は非人称熟語の用法です。非人称の es を使う熟語表現には他にどんなものがあるか，辞書で調べてみましょう。

Schließlich kommen Flüchtlinge in einem neuen Land an und wissen oft nicht, ob sie bleiben dürfen oder wovon sie leben sollen. Viele erklären dort, dass sie Asyl[4)] wollen. Wenn der Staat die Asylbewerber annimmt, dann dürfen sie bleiben und bekommen auch Hilfe. Wie das aussieht, hängt vom Land ab.

Wer nicht angenommen wird, muss das Land eigentlich wieder verlassen. Viele bleiben aber. Man nennt sie dann „illegale Einwanderer", das bedeutet, dass sie damit gegen das Recht verstoßen. In den Ländern, in denen Flüchtlinge aufgenommen werden, streitet man auch darüber, wer wirklich Flüchtling ist. Dabei geht es darum, ob jemand wirklich in seinem Heimatland um sein Leben fürchten muss oder nur woanders leben will, um dort mehr Geld zu verdienen.

□ **語注**
1) ungewollt 望まずに
2) entweder ... oder ...　...か...か
3) keinen anderen Ausweg mehr, als ...　...以外もうどこにも逃げ道がない
4) das Asyl（亡命者などの）庇護，あるいは収容保護施設．

das Gesetz

♪ 31

Ein Gesetz ist eine allgemeine Regel dafür, wie etwas ist oder etwas sein soll. Gesetze sorgen dafür, dass die Menschen in Frieden miteinander leben können. Dazu gehört zum Beispiel, dass man seine Meinung frei sagen darf. Wenn man ein Gesetz nicht einhält, wird man bestraft. Wie man bestraft wird, steht ebenfalls in einem Gesetz.

Die Gesetze macht das Parlament eines Landes. Jedes Land hat eigene Gesetze, darum kann zum Beispiel in Russland etwas verboten sein, das in Finnland erlaubt ist. Manche Gesetze gelten nur in bestimmten Teilen eines Landes. In Deutschland und Österreich gibt es Bundesländer mit eigenen Parlamenten und Gesetzen. So können die Feiertage unterschiedlich sein oder die Zeiten, wann Läden geöffnet haben dürfen.

Eine Verfassung ist die rechtliche Grundordnung eines

☐ **文法復習：接続法２式**

Wenn man etwas beobachten **würde**, das noch schneller ist als Licht, dann **müsste** man das Gesetz zur Lichtgeschwindigkeit ändern.

非現実話法の現在「... するとしたら，... しなければならないだろう」

✐ **ミニ課題**：上の文法復習で挙げた文を，非現実話法の過去「... したとしたら，... しなければならなかっただろう」に書き換えてみましょう．

Staates. Darin stehen Gesetze, die die Gesetzesgrundlagen und das Funktionieren des Staates[1) regeln. Einige Länder haben keine Verfassung. Trotzdem gibt es dort bestimmte wichtige Gesetze, die eine ähnliche Bedeutung haben.

Wissenschaftler beobachten die Natur und suchen nach[2) Erklärungen. Wenn sie sehen, dass etwas immer wieder[3) passiert, stellen sie ein Gesetz auf. Darin beschreiben sie den Zusammenhang, den sie erkannt haben. Ein solches Naturgesetz ist zum Beispiel das zur Lichtgeschwindigkeit. Es besagt, dass es nichts Schnelleres als das Licht geben kann. Licht hat immer die gleiche Geschwindigkeit, zumindest im luftleeren Raum, also in einem Vakuum.

In Naturgesetzen fassen Menschen ihre Beobachtungen zusammen. Dabei können sie sich geirrt haben. Wenn man etwas beobachten würde, das[4) noch schneller ist als Licht, dann müsste man das Gesetz zur Lichtgeschwindigkeit ändern.

□ 語注
1) das Funktionieren des Staates　国家がうまく機能すること，国家の職務遂行
2) nach 3 格 suchen　［3 格 (人や物)］を求める
3) immer wieder　くり返し
4) das は etwas を先行詞とする関係代名詞．

Weihnachten

♪ 32

An Weihnachten feiern die Christen die Geburt von Jesus Christus vor gut 2000 Jahren. Vor etwa 1700 Jahren gab es zum ersten Mal dieses Weihnachtsfest, also erst 300 Jahre später. In vielen Ländern ist heute der 25. Dezember der wichtigste Festtag an Weihnachten. In Deutschland, Österreich, der Schweiz und anderen Ländern ist auch der 26. Dezember ein Feiertag. An beiden Tagen müssen die allermeisten Leute nicht zur Arbeit gehen. Sie haben frei, damit sie Zeit mit ihren Familien und Freunden verbringen können.

Zum Weihnachtsfest gehört auch, dass die Menschen sich gegenseitig Geschenke machen. Man packt sie oft bereits am 24. Dezember aus, also an Heiligabend. Diesen Brauch gibt es erst seit rund 500 Jahren, seit Beginn der Neuzeit. Davor war das nur am 6. Dezember üblich, dem Nikolaustag. Auch der Weihnachtsbaum stammt aus dieser Zeit. Viele Familien singen gemeinsam Weihnachtslieder.

Die Kirchen feiern Weihnachten mit zusätzlichen

☐ **文法復習：序数**

In vielen Ländern ist heute **der 25.** Dezember der wichtigste Festtag an Weihnachten.
der 25. は男性1格．形容詞の語尾 -e が付くので fünfundzwanzigste と読む．

ミニ課題：第2パラグラフにある am 24. は男性3格です．何と読むでしょう．

Konzerten und Gottesdiensten. Viele Menschen gehen nur an diesem Tag zur Kirche. Früher war es in vielen Familien üblich, nach der Weihnachtsfeier am späten Abend noch zum Gottesdienst zu gehen. In der katholischen Kirche heißt dieser Anlass Mitternachtsmesse.

An welchem Tag Jesus wirklich geboren wurde, weiß man nicht genau. In der Bibel steht dazu nichts. Vielleicht wurde der 25. Dezember aus einem bestimmten Grund gewählt: Schon die Römer im Altertum haben an dem Tag das Fest zur Wintersonnenwende[1)] gefeiert. Nach dieser[2)] werden die Tage wieder länger und die Nächte kürzer. Die Wintersonnenwende galt auch als der Geburtstag des römischen Sonnengottes.

Heute ist Weihnachten für viele Menschen vor allem ein wichtiges Familienfest. Deshalb feiern auch Menschen Weihnachten, die sich nicht oder nicht unbedingt als Christen fühlen[3)]. Den Advent feiern die katholischen und die evangelischen Christen ab dem vierten Sonntag vor Weihnachten.

□ 語注

1) die Wintersonnenwende　冬至
2) nach dieser　dieser は女性 3 格．Wintersonnenwende を指している．
3) sich[4] als ... fühlen　自分は ... だと感じている

das Märchen ♪33

Ein Märchen ist eine kurze Geschichte, eine Erzählung. Viele Märchen handeln[1] von Menschen oder Tieren, die ein Abenteuer erleben. Dazu gehören auch Zauberei und Übernatürliches: Es passieren Dinge, die es im richtigen Leben nicht gibt. Manchmal treten Fabelwesen[2] auf.

Oft hat ein Märchen einen bestimmten Gedanken in sich. Das kann auch eine Lehre am Ende sein. So sollen die Leser zum Beispiel Mut bekommen und nicht aufgeben, wenn es schwierig wird im Leben.

Bei manchen Märchen weiß man genau, wer sie geschrieben hat. Hans Christian Andersen war etwa ein bekannter Schriftsteller aus Dänemark. Von ihm stammen[3] Märchen wie „Die kleine Meerjungfrau". Die Schriftsteller haben sich das Märchen gründlich ausgedacht und sich dabei vorgestellt, wie ein Märchen aussehen soll. Man nennt solche Märchen Kunstmärchen.

Andere Märchen heißen Volksmärchen. Früher glaubte man, dass das Volk selbst sich diese Märchen ausgedacht hat. Heute sagt man genauer, dass diese Märchen immer

---

□ 文法復習：受動態の時称

Heute sagt man genauer, dass diese Märchen immer wieder neu **erzählt worden sind.**　dass 文の時称は受動態の現在完了形．過去分詞が worden になることに注意．

✎ミニ課題：上の文法復習で挙げた dass 文の時称を，受動態の過去形に書き換えてみましょう．

wieder neu erzählt worden sind. Wer das gemacht hat, und wie sich die Märchen verändert haben, weiß man nicht. Die Brüder Grimm zum Beispiel haben geglaubt, alte Märchen aus dem deutschen Volk aufzuschreiben. Später fand man heraus, dass manche dieser Märchen tatsächlich aus Frankreich kamen und dort schon in Büchern standen. Märchen sind oft einfach, damit alle Leute sie gut verstehen können. Sie waren aber nicht nur für Kinder gedacht. Über manche Märchen sagt man sogar, dass sie für Kinder eigentlich zu grausam sind: So werden Hexen verbrannt wie bei Hänsel und Gretel. Manche Leute möchten daher nicht, dass Kinder Märchen lesen. Zumindest sollen die Märchen so geändert werden, dass Kinder keine zu große Angst bekommen.

Andere Leute hingegen sagen: Zu einem Märchen gehört, dass die Zuhörer sich manchmal auch fürchten. Ansonsten wäre das Märchen auch nicht so spannend. Die Figuren im Märchen müssen richtig in Gefahr sein, und die Bösen werden hart bestraft. Wichtig ist es aber, dass ein Märchen gut ausgeht[4].

□ 語注
1) von 3 格 handeln ［3 格］を題材にする，扱う
2) das Fabelwesen 想像上の生き物
3) von 3 格 stammen ［3 格］に由来する，の作品である
4) dass ein Märchen gut ausgeht　ausgeht は分離動詞 ausgehen の 3 人称単数形．副文の中なので分離しない．童話が良い結末で終わるということ

der Holocaust

♫34 Holocaust nennt man die Ermordung vieler Menschen in der Zeit, als die Nationalsozialisten in Deutschland regierten. Die Nationalsozialisten wollten alle Juden töten. Vor allem in den Jahren von 1941 bis 1945 wurden etwa sechs Millionen Juden ermordet.

Der Anführer der Nationalsozialisten war Adolf Hitler. Er hielt[1] Juden für gefährliche Menschen. Darum ließ er die Juden in Deutschland zunächst so[2] schlecht behandeln, dass viele flüchteten. Im Zweiten Weltkrieg besetzte Deutschland viele Länder in Europa, und die Nationalsozialisten gingen zum Morden über[3].

Das Wort „Holocaust" kommt aus der englischen Sprache. Man spricht es eigentlich wie „hollo-kohst" aus. Auf Deutsch sagt man aber meistens „hohlo-kaust". Andere Ausdrücke für das Verbrechen sind „der Mord an den europäischen Juden" oder „der nationalsozialistische Massenmord an den Juden".

Im Jahr 1933 wurde Adolf Hitler der Chef der deutschen Regierung. Seiner Meinung nach[4] war das Judentum keine

---

1) 4格 für ... halten ［4格（の人や物）］を...だと思う，考える
2) so ～, dass ... あまりに～で...，...なほど～
3) zu 3格 übergehen ...に移行する．übergehen は分離動詞．
4) seiner Meinung nach 彼の意見によれば．nach は後置されることがある．

Religion, sondern eine Rasse. Jude war für ihn auch jemand, der sich selbst gar nicht als Jude sah: Manche Juden haben sich taufen lassen und wurden zu Christen. Für Hitler war ein Jude aber auch jemand, der jüdische Eltern oder Großeltern hatte.

♫ 35　Zunächst verloren die Juden viele Rechte. Sie durften nicht mehr als Beamte für den Staat arbeiten. Wenn ein Jude Arzt oder Anwalt war, durfte er nur noch für andere Juden arbeiten. An Läden oder Bänken in Parks[5] standen oft Schilder, dass Juden unerwünscht waren. Juden durften außerdem nicht mehr das Parlament wählen. Das Parlament hatte zwar sowieso keine Macht mehr, aber es sollte damit gezeigt werden, dass Juden nicht zum deutschen Volk gehören.
Zwei Drittel der deutschen Juden haben die Zeit überlebt, meistens, weil sie in andere Länder geflohen sind. Dabei mussten sie oft ihren Besitz in Deutschland zurücklassen. Nachdem der Krieg begonnen hatte, war die Flucht allerdings viel schwieriger. Deutschland hatte viele Länder erobert, in welche[6] die Juden geflohen waren oder in denen schon

---

5) An Läden oder Bänken in Parks　お店や公園のベンチのかたわらには
6) in welche　welche は Länder を先行詞とする関係代名詞で複数4格．

viele Juden lebten. In Polen war fast jeder zehnte Einwohner jüdisch. Die Juden wurden nun gezwungen, in bestimmten Stadtvierteln zu leben, den Ghettos.

♪ 36 Soweit man weiß, beschlossen die Nationalsozialisten den Mord im Sommer des Jahres 1941. Der Massenmord verfolgte das Ziel, Europa „judenfrei" zu machen. Die Juden wurden in Lager im Osten von Europa verschleppt. Angeblich sollten sie dort arbeiten. Wer nicht freiwillig ging, wurde verfolgt und gejagt.

Bei der Verschleppung, Vertreibung und Ermordung machten viele Menschen mit. Man geht[7] von mindestens 250.000 Beteiligten aus, darunter deutsche Polizisten und Soldaten, aber auch Zivilisten. Einige waren keine Deutsche, sondern kamen aus den besetzten Ländern. Außerdem wurden Juden gezwungen, mitzumachen, damit sie selbst nicht sofort getötet wurden.

Die Juden wurden auf unterschiedliche Weise[8] getötet. Am Anfang hat man sie erschossen. Das ging den Nationalsozialisten aber nicht schnell genug. Sie ließen daher

---

7) man geht von mindestens 250.000 Beteiligten aus　少なくとも25万人におよぶ協力者に基づいている

8) auf unterschiedliche Weise　さまざまな仕方で

die Juden mit Gas töten und dann die Leichen verbrennen. Viele Juden kamen außerdem ums Leben[9], weil man sie schlecht behandelte: Sie wurden geschlagen, mussten lange Wege marschieren, bis zur Erschöpfung arbeiten und so weiter. Wenn sie krank wurden, durften sie nicht zum Arzt.

♪37 Das nationalsozialistische Deutschland verlor den Zweiten Weltkrieg im Jahr 1945. Einige Juden überlebten den Krieg, weil ihr Lager von ausländischen Soldaten befreit wurde. Viele der Überlebenden wollten nicht in Europa bleiben, sondern sind nach Amerika oder Israel ausgewandert. Von den Tätern hat man einige sofort gefasst. Andere lebten lange Zeit ohne große Probleme. Sie wurden erst nach 1960 angeklagt oder gar nicht. Vor Gericht haben die meisten Täter sich so verteidigt: Sie hätten[10] nur das getan, was man ihnen befohlen hatte. Außerdem war es schwierig, ihnen nach so vielen Jahren noch etwas nachzuweisen[11]. Viele Opfer und Zeugen waren schon tot.

Viele Menschen in Deutschland und Europa haben nicht viel über den Mord an den Juden nachgedacht. Nach dem Krieg

---

9) ums Leben kommen　命を落とす
10) Sie hätten nur das getan　間接話法．接続法1式だと直説法と同形になってしまうので，ここでは接続法2式にしている．自分たちは…しただけだと
11) nachzuweisen　nachweisen（証明する）の zu 不定詞

hatten sie ihre eigenen Sorgen. Sie dachten an ihr eigenes Leid im Krieg oder wollten alles Schlimme vergessen. Vielleicht hatten manche ein schlechtes Gewissen[12], weil sie Hitler gewählt oder Juden verraten hatten.

Daher dauerte[13] es lange, bis man wieder mehr über diese Verbrechen sprach. Junge Leute, die erst nach dem Krieg geboren waren, wollten mehr wissen. Es wurden wieder Verdächtige vor Gericht[14] gestellt.

Damals, in den Jahren um 1960 und 1970, kam auch das Wort „Holocaust" auf. Es stammt ursprünglich aus der Bibel, ist Altgriechisch und bedeutet „Brandopfer". Vielleicht ist der Ausdruck nicht besonders treffend, aber er hat sich eingebürgert.

Viele Menschen finden, dass der Holocaust das schlimmste Verbrechen in der deutschen Geschichte oder in der Geschichte der Welt war. Das Gedenken an den Holocaust dient als Warnung davor, was passieren kann, wenn Menschen, die man für anders oder fremd hält, systematisch verunglimpft[15], ausgegrenzt[16] und verfolgt werden.

12) ein schlechtes Gewissen 良心の呵責
13) dauerte es lange, bis … …まで長く時間がかかった
14) 4格（人）vor Gericht stellen ［4格の人を］法廷に召喚する，訴える
15) verunglimpfen 中傷する，侮辱する
16) ausgrenzen 締め出す，排除する

出典一覧

S.4　https://klexikon.zum.de/wiki/K%C3%A4fer　Version vom 23. September 2017, 23:09 Uhr
　　　https://klexikon.zum.de/wiki/B%C3%A4r　Version vom 16. September 2017, 17:36 Uhr
S.5　https://klexikon.zum.de/wiki/Johann_Sebastian_Bach　Version vom 19. März 2017, 23:43 Uhr
　　　https://klexikon.zum.de/wiki/Buch　Version vom 28. Mai 2017, 14:54 Uhr
S.6　https://klexikon.zum.de/wiki/Br%C3%BCder_Grimm　Version vom 19. April 2017, 20:59 Uhr
　　　https://klexikon.zum.de/wiki/Ludwig_van_Beethoven　Version vom 27. März 2017, 23:57
S.7　https://klexikon.zum.de/wiki/Immanuel_Kant　Version vom 8. März 2017, 22:53 Uhr
　　　https://klexikon.zum.de/wiki/Adolf_Hitler　Version vom 16. September 2017, 18:32 Uhr
S.8　https://klexikon.zum.de/wiki/B%C3%A4cker　Version vom 9. März 2017, 00:58 Uhr
　　　https://klexikon.zum.de/wiki/Lehrer　Version vom 8. Juli 2017, 19:24 Uhr
S.9　https://klexikon.zum.de/wiki/Pfarrer　Version vom 14. Dezember 2016, 16:52 Uhr
　　　https://klexikon.zum.de/wiki/Beamter　Version vom 4. September 2017, 21:15 Uhr
S.10　https://klexikon.zum.de/wiki/Bier　Version vom 6. März 2017, 01:10 Uhr
　　　　https://klexikon.zum.de/wiki/Vegetarier　Version vom 8. Juni 2017, 23:33 Uhr
S.11　https://klexikon.zum.de/wiki/Brot　Version vom 31. August 2017, 21:38 Uhr
　　　　https://klexikon.zum.de/wiki/Fleisch　Version vom 8. Juni 2017, 23:35 Uhr
S.12　https://klexikon.zum.de/wiki/Hund　Version vom 8. März 2017, 22:49 Uhr
S.13　https://klexikon.zum.de/wiki/Katze　Version vom 26. Juni 2017, 19:05 Uhr
S.14　https://klexikon.zum.de/wiki/Philosophie　Version vom 8. Dezember 2016, 00:06 Uhr
S.16　https://klexikon.zum.de/wiki/Umweltschutz　Version vom 25. Januar 2017, 21:23 Uhr
S.18　https://klexikon.zum.de/wiki/Fu%C3%9Fball　Version vom 8. März 2017, 22:54 Uhr
S.20　https://klexikon.zum.de/wiki/Roboter　Version vom 30. März 2017, 23:08 Uhr
S.22　https://klexikon.zum.de/wiki/Kultur　Version vom 14. Dezember 2016, 00:37
S.24　https://klexikon.zum.de/wiki/DNA　Version vom 2. Juli 2017, 20:24 Uhr
S.26　https://klexikon.zum.de/wiki/Comic　Version vom 28. Juli 2017, 17:48 Uhr
S.28　https://klexikon.zum.de/wiki/Wikipedia　Version vom 27. September 2017, 01:27 Uhr
S.30　https://klexikon.zum.de/wiki/Abitur　Version vom 14. Dezember 2016, 00:50 Uhr
S.32　https://klexikon.zum.de/wiki/Religion　Version vom 18. Juli 2017, 21:21 Uhr
S.34　https://klexikon.zum.de/wiki/Fl%C3%BCchtling　Version vom 16. Dezember 2016, 00:02 Uhr
S.36　https://klexikon.zum.de/wiki/Gesetz　Version vom 2. März 2017, 14:12 Uhr
S.38　https://klexikon.zum.de/wiki/Weihnachten　Version vom 4. September 2017, 21:16 Uhr
S.40　https://klexikon.zum.de/wiki/M%C3%A4rchen　Version vom 19. April 2017, 20:41 Uhr
S.42　https://klexikon.zum.de/wiki/Holocaust　Version vom 31. August 2017, 21:43 Uhr

本書に収録したドイツ語テクストは，基本的に上記 Klexikon のサイトの原文をほぼそのまま用いていますが，紙数の関係でテクストの分量をカスタマイズした箇所，またドイツ語を一部修正した箇所があります．ドイツ語の修正にあたっては，吹込者の Thomas Meyer さん，Marei Mentlein さんにご助言をいただきました．この場を借りて，おふたりに心から感謝の意を表します．（編著者）

―― 音声ダウンロード ――

白水社ホームページ（http://www.hakusuisha.co.jp/download/）から音声をダウンロードすることができます。

＊なお別に教室用CD（非売品）の用意があります。

◇吹込者：Marei Mentlein, Thomas Meyer
◇吹込箇所：各課テキスト

組版・本文レイアウト・装丁　studio profi

編著者紹介
佐伯 啓（さえき　けい）
　　東北学院大学教授

ドイツ百科ミニ読本

2018年3月10日　第1刷発行
2024年3月10日　第3刷発行

編著者Ⓒ　　佐　伯　　　啓
発行者　　岩　堀　雅　己
印刷所　　壮栄企画株式会社

発行所　101-0052東京都千代田区神田小川町3の24
　　　　電話 03-3291-7811（営業部）、7821（編集部）
　　　　http://www.hakusuisha.co.jp
　　　　　　　　　　　　　　　　　　株式会社 白水社
　　　　乱丁・落丁本は、送料小社負担にてお取り替えいたします。

振替 00190-5-33228　　　　　　　　　　株式会社島崎製本

ISBN978-4-560-06423-8

Printed in Japan

▷本書のスキャン、デジタル化等の無断複製は著作権法上での例外を除き禁じられています。本書を代行業者等の第三者に依頼してスキャンやデジタル化することはたとえ個人や家庭内での利用であっても著作権法上認められていません。